ANALIZA KSIĄŻKI

AF166044

Oskar
i pani Róża

• • • • • • • • • • • • •

ÉRIC-EMMANUEL SCHMITT

ANALIZA KSIĄŻKI

Napisany przez Laure de Caevel
Przetłumaczony przez Kâmil Kowalski

Oskar i pani Róża

ÉRIC-EMMANUEL SCHMITT

ÉRIC-EMMANUEL SCHMITT

FRANCUSKO-BELGIJSKI PISARZ

- **Urodził się w Sainte-Foy-lès-Lyon (Francja) w 1960 roku.**

- **Godne uwagi prace:**

  - *Hipoteza alternatywna* (2001), powieść

  - *Ulisses z Bagdadu* (2008), powieść

  - *Trzy kobiety w lustrze* (2011), powieść

Éric-Emmanuel Schmitt jest jednym z najbardziej poczytnych francuskich autorów na świecie. Urodził się w 1960 roku i obecnie mieszka w Brukseli. Zanim został pisarzem, z powodzeniem ukończył *agrégation* (wysoce selektywny egzamin konkursowy dla nauczycieli) z filozofii. Karierę pisarską rozpoczął w teatrze sztuką *Don Juan on Trial* (1991), będącą wariacją na temat mitu o *Don Juanie,* oraz sztuką *The Visitor*, w której Freud (austriacki neurolog, 1856-1939) zostaje odwiedzony przez enigmatycznego mężczyznę podającego się za Boga. Pisząc dla teatru, Schmitt pracował także nad książkami (*Hipoteza alternatywna*, 2001), opowiadaniami (*Najpiękniejsza książka świata,* 2006), a nawet nad powieścią autobiograficzną (*Moje życie z Mozartem,* 2005). Niedawno stanął za kamerą, by zaadaptować na potrzeby kina dwie swoje książki, z których jedna to *Oskar i pani Róża*.

OSKAR I PANI RÓŻA

EMOCJONALNY ROLLERCOASTER

- **Gatunek**: powieść
- **Wydanie referencyjne**: Schmitt, É-E. (2002) *Oscar et la Dame rose*. Paris: Magnard.
- **Wydanie pierwsze**: 2002 r.
- **Tematy**: choroba, religia, szpital, dzieciństwo, życie, śmierć

Oskar i pani Róża, wydana w 2002 roku, jest częścią Cyklu Niewidzialnych, serii powieści, w których dzieci mierzą się z różnymi wierzeniami. Poprzez rozmowy między dzieckiem a starszym bohaterem Schmitt pokazuje, jak duchowość może pomóc człowiekowi żyć pełnią życia.

Poprzez serię listów pisanych do Boga poznajemy Oskara, młodego chłopca chorego na raka. Listy te zaczął pisać za radą babci Róży, staruszki zajmującej się pocieszaniem chorych dzieci, z którą się zaprzyjaźnia. Pisząc o duchowości, Schmitt z podziwem podejmuje trudny temat hospitalizowanych dzieci, nie popadając przy tym w melodramatyzm.

PODSUMOWANIE

DZIECIŃSTWO W SZPITALU

Oskar jest 10-letnim chłopcem, którego ciężka choroba zamyka w szpitalu. Tam poznaje Babcię Różę, byłą zapaśniczkę o pseudonimie "Dusiciel z Langwedocji". Po ostatniej operacji chłopiec ma wrażenie, że wszyscy wokół coś przed nim ukrywają, oprócz Babci Róży. Tylko ona jest na tyle szczera, by powiedzieć mu, że jego przeszczep szpiku kostnego nie powiódł się. Zauważając, że jest samotny, sugeruje, żeby pisał listy do Boga, aby poczuć się mniej samotnym i wyrzucić z siebie wszystko. Sugeruje również, żeby każdego dnia wypowiadał jedno życzenie. Pierwszym życzeniem Oskara jest uzyskanie odpowiedzi na następujące pytanie: "Czy wyzdrowieję?"

Niestety, odpowiedź brzmi: nie. Oskar zdaje sobie z tego sprawę, gdy dostrzega swoich rodziców, którzy zwykle odwiedzają go tylko w niedzielę, w szpitalu innego dnia. Podsłuchując pod drzwiami, Oskar słyszy, jak doktor Düsseldorf mówi im, że nic więcej nie można zrobić. Zdruzgotani rodzice wychodzą, nie mogąc zebrać się na odwagę, by zobaczyć swoje dziecko. Oskar przypadkowo zamyka się w szafce na miotły, a kiedy zostaje znaleziony, jedyną osobą, z którą chce porozmawiać jest babcia Róża. Mówi jej, co widział, a ona radzi mu, aby napisać do Boga ponownie. Ona również sugeruje, że powinien przeżywać każdy dzień tak, jakby to było dziesięć lat, tak aby być w stanie żyć w pełni. Pod koniec tego dnia Oskar ma zatem dziesięć lat. Następnego dnia odwiedzają go rodzice z wielkim prezentem: płytą *Dziadka do orzechów* (balet rosyjskiego kompozytora Czajkowskiego, 1840-1893). Nie mogą się przyznać, że dzień wcześniej przyszli do szpitala, więc Oskar milczy i zamyka się w swojej muzyce. Jest trochę zaskoczony, gdy przychodzi czas pożegnania i matka rzuca mu się w ramiona, ale nie reaguje.

Następnie staje się nastolatkiem i zakochuje się w Peggy Blue (nazwanej tak ze względu na swoją niebieską skórę; cierpi na chorobę utrudniającą przepływ krwi do policzków, które przez to nie otrzymują wystarczającej ilości tlenu i zmieniają kolor na niebieskawy). Babcia Róża namawia go, by powiedział Peggy, że w nocy będzie ją chronił przed duchami. Jednak Pop Corn (którego przydomek pochodzi od jego otyłości) twierdzi, że Peggy chce, by to on ją chronił. Kiedy Oskar odchodzi, pokonany, natyka się na Sandrine, która nazywana jest Chińską Dziewczynką (ponieważ choruje na białaczkę i ma czarną, gładką perukę). Ona całuje go, co Oskar uważa za obrzydliwe. Później babcia Rose wysyła go, by wyznał swoje uczucia Peggy. W rzeczywistości, Peggy chce, aby on chronił ją przed duchami, a nie Pop Corn. Życzeniem Oskara na ten dzień jest poślubienie Peggy.

DOROSŁOŚĆ

Tej nocy Oskar słyszy krzyki i biegnie na pomoc swojej ukochanej. Zdaje sobie jednak sprawę, że krzyki dochodzą z pokoju Bacona, młodego chłopaka z poważnymi poparzeniami, który wciąż cierpi mimo kremów i przeszczepów skóry, które podają mu lekarze. Peggy, która wierzy, że to Oskar krzyczy, również przybiega. W końcu natrafiają na siebie i ona prosi go, by spędził z nią noc, na co on się zgadza. Podczas nocy dwójka dzieci bierze ślub. Następnego dnia, pielęgniarki nie są zbyt zadowolone, znajdując dwoje dzieci razem, ale Babci Róży udaje się rozładować sytuację.

Kilka dni później Peggy musi mieć operację, a Oskar życzy jej, aby dobrze zniosła wynik, bez względu na to, jaki on będzie. Oskar jest niespokojny i złości go fakt, że dzieci są chore. Babcia Róża mówi mu, że ludzie, którzy cieszą się dobrym zdrowiem też mają problemy, czują się zdołowani i przechodzą przez trudne chwile. Oskar prosi ją wtedy o adopcję, tak jak zrobił to już ze swoim starym misiem w dniu, w którym rodzice dali mu nowego.

Operacja Peggy przebiega pomyślnie. Jej rodzice mówią Oskarowi, że liczą na to, że ją ochroni.

Następnego dnia Babcia Róża zabiera Oskara do szpitalnej kaplicy. Jest zaskoczony widokiem posągu Chrystusa z koroną cierniową i gwoździami wbitymi w jego ręce i stopy. Jest zbulwersowany i mówi, że gdyby był Bogiem, to unikałby cierpienia. Babcia Róża wyjaśnia mu, że istnieją dwa rodzaje cierpienia: pierwszy to cierpienie fizyczne, które jesteśmy stworzeni do znoszenia, a drugi to cierpienie emocjonalne, które wybieramy.

W miarę upływu czasu zaczynają pojawiać się oznaki kryzysu wieku średniego, wraz z towarzyszącymi mu zmartwieniami. Pop Corn mówi Peggy, że Oskar pocałował Chińską Dziewczynkę. Mimo że stało się to zanim byli razem, młoda dziewczyna jest smutna i kładzie kres ich związkowi. Oskar, w szoku, pozwala Brigitte, dziewczynce z zespołem Downa, pocałować go na całego. Babcia Róża radzi mu, by powiedział Peggy, co czuje, aby wynagrodzić jej swoje głupie zachowanie. Następnego ranka Oskar tak właśnie robi: mówi jej, że jest jedyną osobą, którą kocha, a młoda dziewczyna mu wybacza.

Aby nie spędzić złego dnia Bożego Narodzenia z rodzicami, planuje ucieczkę: jego przyjaciele przenoszą go do bagażnika samochodu Babci Róży, aby mógł się z nią oddalić. Później, ona znajduje go na progu i jest w szoku. Wyjaśnia, że jego rodzice są zmartwieni, bo nie mogą go znaleźć. Oskar ripostuje, że czuje iż oni myślą, że jest potworem. Babcia Róża sprawia, że rozumie, że boją się choroby, a nie jego, i że oni też umrą pewnego dnia i będą prześladowani przez żal, jeśli nie pogodzą się z nim. Oskar w końcu zgadza się spędzić święta z rodzicami w domu Babci Róży. Oglądają mecz wrestlingu razem i spędzają szczęśliwe Boże Narodzenie.

STAROŚĆ

Teraz, gdy ma już ponad 60 lat, Oskar zaczyna się męczyć. Spędza dzień na słuchaniu *Dziadka do orzechów* i chce, żeby Bóg znów go odwiedził.

Gdy osiąga wiek 80 lat, zaczyna się zastanawiać. Na początku dnia Oskar sadzi swoją roślinę Sahara, prezent świąteczny od Babci Róży, która żyje tylko jeden dzień.

Czyta z Peggy *słownik medyczny* i dziwi się, że nie ma w nim haseł dotyczących "życia", "śmierci", "wiary" i "Boga", które według niego są najważniejszymi słowami ze wszystkich. Babcia Róża wyjaśnia, że to dlatego, że nie mają one stałego, określonego znaczenia.

Pod koniec dnia do pokoju przychodzi bardzo przygnębiony doktor Düsseldorf. Oskar mówi mu, że nie powinien czuć się winny, kiedy przekazuje ludziom złe wieści, ponieważ to nie on jest winien, co sprawia, że doktor się ożywia.

Niedługo potem Peggy musi wrócić do domu. Oskar jest smutny i obwinia Boga, który przychodzi go odwiedzić. Młody chłopak widzi go we wschodzącym słońcu: Bóg daje mu do zrozumienia, że musi patrzeć na wszystko tak, jakby widział to po raz pierwszy, i że na tym właśnie polega szczęście. Jego życzeniem na ten dzień jest, aby jego rodzice i Peggy mogli poczuć to samo.

Oskar ma już 100 lat i staje się filozofem. Tłumaczy Bogu, że życie jest darem. Na początku myślimy, że będzie trwało wiecznie. Potem dowiadujemy się, że nie trwa tak długo, jak myśleliśmy. Wreszcie uświadamiamy sobie, że dostaliśmy je tylko na kredyt, a teraz musimy je oddać i pokazać, że na nie zasłużyliśmy. Niestety, Oskar staje się coraz bardziej zmęczony. To jest jego ostatni list.

Kolejny podpisany jest przez Babcię Różę, która mówi Bogu, że Oskar umarł. Jest bardzo smutna i opowiada mu o tym, co czuł i przeżywał ten młody chłopak. W postscriptum zwierza mu się, że w ostatnich dniach Oskar umieścił na swoich drzwiach tabliczkę z napisem "Tylko Bóg ma prawo mnie obudzić".

STUDIUM POSTACI

OSKAR

Oskar jest 10-letnim chłopcem, który cierpi na poważną chorobę. Mimo usilnych starań lekarzy w szpitalu jego stan nie poprawia się i wkrótce dowiaduje się, że zostało mu tylko kilka dni życia. Mimo że rodzice, którzy odwiedzają go raz w tygodniu, unikają poruszania tego tematu przy nim, i mimo że dobrze dogaduje się z innymi dziećmi na oddziale, powoli zaczyna rozumieć powagę swojej choroby i musi nauczyć się ją akceptować.

Pomaga mu w tym uspokajająca obecność Babci Róży, gościa, który sugeruje mu, by przeżył swoje ostatnie dni tak, jakby każdy z nich miał dziesięć lat. Chłopiec stopniowo zaczyna się w to bawić: zakochuje się, przeżywa pierwszy ból serca, godzi się z bratnią duszą, zastanawia się nad sensem życia i śmierci itd. Staruszka uczy go także akceptacji swojego losu, wprowadzając go w duchowość chrześcijańską, dzięki czemu łatwiej mu radzić sobie z cierpieniem swoim i otoczenia. Choć na początku zżera go złość, w końcu uspokaja się i przestaje czuć się winny, że nie wyzdrowiał. W ten sposób przechodzi przez poszczególne etapy żałoby i godzi się ze zbliżającą się śmiercią, a raczej uczy się ją znosić w jak najspokojniejszy sposób dla dobra rodziców i siebie. W miarę upływu stron czytelnik jest więc świadkiem przemiany małego chłopca: z naiwnego dziecka staje się niezwykle spokojny i dojrzały jak na swój wiek.

BABCIA RÓŻA

Babcia Róża, stara bywalczyni szpitala, przedstawia się Oskarowi jako były zapaśnik, co tłumaczy jej czasami szorstki język. Jest bardzo szczera i nie waha się mówić tego, co myśli, zarówno gdy poucza pielęgniarki, jak i gdy opowiada Oskarowi o Bogu. Używa wymyślonych turniejów zapaśniczych i przeciwników, aby wyjaśnić młodemu chłopcu, jak widzi życie. Celem Babci Róży jest sprawienie, by Oskar pogodził się ze swoją śmiercią tak, aby odszedł z tego świata w jak najłagodniejszy sposób. Ponieważ jest starsza i bardziej doświadczona, w oczach Oskara wydaje się bardziej wiarygodna. Aby go przekonać, stosuje metody dydaktyczne, a także coś, co nazywa się dialektyką, czyli metodą rozumowania złożoną z pytań i odpowiedzi.

 ## DIALEKTYKA

Dialektyka była stosowana w starożytności przez Sokratesa (filozof grecki, 470-399 p.n.e.) w dialogach napisanych przez jego ucznia Platona (filozof grecki, 427-348/347 p.n.e.). Związana jest z majeutyką, która etymologicznie oznacza "sztukę rodzenia", czyli metodą, którą Sokrates stosował, aby umożliwić osobie, z którą rozmawiał, "urodzenie" prawdziwej wiedzy, którą ma w sobie. Filozof czynił to za pomocą prostej gry pytań, która miała doprowadzić drugą osobę do zauważenia wewnętrznych sprzeczności obecnych w jej poglądach.

RODZICE OSKARA

Oskar postrzega swoich rodziców jako tchórzy, ponieważ nie potrafią stawić czoła jego chorobie. Ma wrażenie, że od czasu nieudanego przeszczepu szpiku kostnego widzą w nim potwora. Wydaje mu się, że nie są zdolni do relacji międzyludzkich. W rzeczywistości jednak są po prostu zagubieni: nie wiedzą, jak poradzić sobie z sytuacją ani jak wytłumaczyć swojemu 10-letniemu synowi, że zostało mu tylko kilka dni życia.

Sytuacja poprawia się podczas świąt Bożego Narodzenia, kiedy dowiadują się, że Oskar jest świadomy śmierci i pogodził się z myślą, że wkrótce ich opuści. Po tym wydarzeniu wracają do tego, jak było przed chorobą ich dziecka.

DZIECI HOSPITALIZOWANE

Dzieci przebywające w szpitalu nie różnią się od innych dzieci, nawet jeśli mają tendencję do szybszego dorastania, ponieważ są konfrontowane z rzeczywistością, która jest zwykle ukrywana przed dziećmi.

W filmie *"Oskar i pani Róża"* każde dziecko ma w sobie coś wyjątkowego. Wszystkie mają też dowcipne nazwiska nadane im przez grupę: 9-letni Pop Corn waży 98 kg; Einstein ma dziwną głowę, która jest wypełniona wodą; Bacon jest ofiarą poparzeń, a Peggy Blue (której imię przywodzi na myśl Peggy Sue) ma niebieskawą skórę, ponieważ jej krew nie otrzymuje wystarczającej ilości tlenu.

👁 PEGGY SUE I FANTAZJA

Peggy Sue et les Fantômes ("Peggy Sue i duchy") to seria książek dla młodzieży z elementami fantasy autorstwa Serge'a Brussolo (francuski pisarz, ur. 1951). Pierwsza książka została wydana w 2001 roku, a na dzień dzisiejszy w serii jest 12 książek. Opowiadają one historię małej dziewczynki, która za pomocą swoich okularów widzi duchy, co prowadzi do różnego rodzaju fantastycznych przygód.

BÓG

W *Oskarze i Pani Róży* Bóg jest dla Oskara bardziej powiernikiem niż wszechmocną siłą. Oznacza to, że Oskar nie wyzdrowieje, a Bóg go nie uzdrowi. Babcia Róża pokazuje, że Bóg katolicki jest bogiem, który cierpi i dlatego może zrozumieć ból ludzi.

W żadnym momencie nie zmusza Oskara do wiary, ale pokazuje mu, w co sama wierzy. Co więcej, na początku opowieści mały chłopiec twierdzi, że jest agnostykiem i nie wie, czy wierzy w Boga (nawet jeśli ten punkt widzenia jest nieco paradoksalny, widząc, że pisze do niego). Oskar ma wrażenie, że Bóg to tylko kolejny wymysł dorosłych, jak Święty Mikołaj. Jednak w miarę rozwoju opowieści zaczyna czuć się coraz bliżej Niego, a nawet kończy na uznaniu Go za przyjaciela. Od czasu do czasu Bóg pojawia się, by pokazać mu, że trzeba jak najlepiej wykorzystać to, co się ma, a także pozwala mu zrozumieć pewne prawdy.

ANALIZA

CYKL NIEWIDZIALNYCH I INSPIRACJA DLA KSIĄŻKI

Oskar i Pani Róża to trzecia książka z Cyklu Niewidzialnych, serii książek poświęconych religii. Pozostałe książki to *Milarepa* (1997), *Monsieur Ibrahim and the Flowers of the Koran* (2001), *Noah's Child* (2003), *The Sumo Wrestler Who Could Not Gain Weight* (2009) oraz *Ten Children Ms. Ming Never Had* (2012). Każdy z nich skupia się na jednej religii i pokazuje, jak bardzo wpływa ona na losy bohaterów. W istocie, bohaterowie są prowadzeni do refleksji nad swoim życiem i tym, co powinni z nim zrobić w zależności od religii, którą wyznają.

Oskar i Pani Róża jest jednak przypadkiem szczególnym, gdyż został zainspirowany osobistym doświadczeniem autora. W dzieciństwie Schmitt często przebywał w szpitalu, czasem towarzysząc ojcu, który był fizjoterapeutą, czasem jako pacjent, czasem przy łóżkach chorych krewnych. Podobnie jak Oskar, obcował z cierpieniem i śmiercią i potrafił dostrzec wpływ, jaki wywierają one na chorych i bliskich im ludzi.

Jednak prawdziwym zapalnikiem była poważna choroba, z którą autor sam się zmierzył i którą przeżył. To uświadomiło mu, że akceptacja cierpienia i śmierci jest równie kluczowa jak wola wyzdrowienia. Oskar jest więc zarówno jego kreacją, jak i wzorem do naśladowania: dzięki pomocy Babci Róży, innych dzieci i duchowości, Oskar potrafi odróżnić to, co istotne, od tego, co nie jest i opanowuje swoje cierpienie tak, jak chciałby to zrobić sam autor, gdyby kiedykolwiek znalazł się w takiej samej sytuacji.

CHOROBA I ŚMIERĆ

Stosunek dzieci do śmierci

Choroba Oskara zmusza go do życia w szpitalu. Schmitt przedstawia ten wątek w sposób delikatny, niedopowiedziany, ale nie przeszkadza to czytelnikowi uświadomić sobie, jakie szczęście mają naprawdę zdrowe dzieci: nie muszą walczyć z duchami – sprytna metafora bólu – i mogą cieszyć się życiem rodzinnym.

Relacja ze śmiercią, jaką mają dzieci hospitalizowane, sprawia, że szybciej dojrzewają. Boją się tak samo jak inne dzieci, ale ponieważ muszą żyć ze śmiercią na co dzień, w końcu pokonują swój strach.

Choroba i śmierć idą w parze z cierpieniem. Oskar w swoich listach nie rozwodzi się nad swoimi bólami. Mówi jedynie, że czuje się bardzo zmęczony i dużo śpi. Jednak jego cierpienie jest bardzo realne i musi z nim żyć. Kiedy babcia Róża zabiera Oskara do szpitalnej kaplicy, wyjaśnia rozróżnienie między cierpieniem fizycznym, do którego jesteśmy zmuszeni, a cierpieniem emocjonalnym, które sami wybieramy. Autorka wskazuje tu, że jeśli uda nam się pokonać trudności i wybrać szczęście, nie będziemy musieli cierpieć emocjonalnie.

Stosunek rodziców do choroby dzieci

Rodzicom Oskara bardzo trudno jest poruszyć z nim temat jego choroby. Jest to szczególnie trudne dla Oskara, ponieważ czuje, że musi cierpieć z powodu choroby sam. Co więcej, kiedy dowiadują się, że leczenie chłopca nie przynosi rezultatów i zostało mu tylko kilka dni życia, nie chcą mu o tym powiedzieć. Postanawiają iść prosto do domu, nie mogąc znaleźć odwagi, by spojrzeć mu w oczy. To wbija poważny klin między rodzinę – Oskar odrzuca ich nieudolne próby czułości i uważa ich za "tchórzy".

Widać jednak, że przechodzą właśnie przez poszczególne etapy żałoby. Przede wszystkim nie chcą uwierzyć, że małe dziecko może być chore, tym bardziej, że dziecko, o którym mowa, jest ich własnym. Jednak w obliczu tej nieuchronnej prawdy nie mają innego wyjścia, jak tylko pogodzić się z jego zbliżającą się śmiercią. Ich cierpienie jest równie realne jak Oskara, ponieważ spodziewają się śmierci bliskiej osoby i mają pełną świadomość, że będą jeszcze bardziej cierpieć z powodu tego, co nastąpi później. Czytelnik nie ma jednak bezpośredniego dostępu do uczuć rodziców Oskara. Może jedynie domyślać się, jak sobie z tym radzą poprzez myśli młodego chłopca i sposób, w jaki on ich postrzega. Dlatego to właśnie ich milczenie jest dla nas ważniejsze niż cokolwiek innego.

Sytuacja poprawia się w Boże Narodzenie, kiedy odkrywają syna w domu Babci Róży i zdają sobie sprawę, że Oskar wie, jaki los go czeka. Są więc w stanie dzielić jego ból, co paradoksalnie łagodzi ich własne cierpienie.

Styl pisany i teatralny

W swojej powieści autor stosuje dość familiarny styl, co jest logiczne, biorąc pod uwagę, że książka składa się z listów pisanych przez 10-letniego chłopca. Oskar traktuje więc Boga niemal jak przyjaciela, używając kolokwialnych wyrażeń i zwrotów "od razu cię ostrzegę", "już mnie naciągnęli na tę sztuczkę" itd. Znajdziemy też sporo stwierdzeń ("To... ten/która"), a także skrótów ("doktorzy", "chemia" i tak dalej).

Ten znajomy rejestr czyni powieść bardziej realistyczną i tworzy efekt komiczny, który przejawia się w wyborze przezwisk dla chorych dzieci (Pop Corn, Bacon).

Powieść ma też pewne elementy, które zwykle występują tylko w sztukach teatralnych:

• Podział powieści na listy jest podobny do podziału sztuk na sceny i akty. Co więcej, podobnie jak sceny w sztukach, listy te zaczynają się i kończą wejściem lub wyjściem jakiejś postaci. Na przykład drugi list otwiera przybycie Pop Corna, a dwunasty zamyka pożegnanie Oskara.

• Historia ma wiele niespodziewanych zwrotów akcji, a także dramatyczne efekty i nagłe wydarzenia, zwłaszcza z zupełnie niespodziewaną ucieczką Oskara do domu Babci Róży w Boże Narodzenie i wizytą Boga na końcu opowieści.

• Dialogów jest wiele, a duża część z nich ma formę stychomytii (serii krótkich odpowiedzi), po których następują tyrady (długie odpowiedzi, które pozwalają sztukom rozwinąć postać).

- Historia mniej więcej respektuje klasyczne dla dramatu jedności:

  ○ powieść rozgrywa się na przestrzeni 12 dni, co jest krótkim okresem czasu, choć to i tak znacznie dłużej niż klasyczna jedność czasu (w XVII wieku akcja sztuki teatralnej powinna rozgrywać się w ciągu 24 godzin);

  ○ ostatnie dni życia Oskara to czas, w którym rozwija się jedyna główna akcja powieści, zgodnie z zasadą jedności akcji;

  ○ większość historii rozgrywa się w szpitalu, zamkniętej przestrzeni, która pasuje do jedności miejsca.

FILOZOFIA EPIKUREJSKA

Powieść można również postrzegać jako opowieść filozoficzną: główny bohater przechodzi przez różnego rodzaju próby, które powodują, że dorasta i zadaje filozoficzne pytania. Co więcej, historia zamyka się morałem: powinieneś żyć każdym dniem tak, jakby był twoim ostatnim.

Morał ten można powiązać z filozofią epikurejską, która postuluje jak najlepsze wykorzystanie teraźniejszości. Ponadto Oskar wierzy, że "Bóg zna sekret bycia niezmordowanym i szczęśliwym". "W rezultacie, powieść może być postrzegana jako oda do *carpe diem* (łaciński cytat, który oznacza "chwytaj dzień", lub "wykorzystaj jak najlepiej teraz") poprzez grę, którą Babcia Róża sugeruje Oskarowi. Radzi mu, by każdy dzień traktował tak, jakby miał dziesięć lat: zachęca go zatem do jak najlepszego wykorzystania dni, które mu pozostały, zamiast smucić się, że jest ich tak mało.

Ponadto filozofia epikurejska nie obawia się śmierci, ponieważ śmierć jest tylko rozproszeniem atomów tworzących nasze ciało, czyli jakby powrotem do stanu prenatalnego. Nie ma więc w śmierci cierpienia. Babcia Róża przekazuje tę myśl Oskarowi, tłumacząc, że nie powinien bać się nieznanego.

 ## EPIKUR

Epikur był greckim filozofem z IV wieku p.n.e. Napisał wiele traktatów, które niestety nie zachowały się do dziś. O jego doktrynie, epikureizmie, wiemy dzięki Lukrecjuszowi (rzymski poeta i filozof, ok. 98-55 p.n.e.), który rozwinął ją w swoim *De rerum natura* ("O naturze rzeczy").

Epikureizm jest często karykaturalnie przedstawiany jako poszukiwanie bezgranicznej przyjemności, ale jego głównym celem jest osiągnięcie *ataraksji,* czyli stanu spokoju: chodzi o unikanie cierpienia poprzez zadowalanie się przyjemnościami, które są absolutnie niezbędne do szczęścia. Epikureizm jest więc poszukiwaniem przyjemności, które można znaleźć w naszym codziennym życiu i które nie powodują bólu. Z tego wywodzi się idea przeżywania każdego dnia w pełni.

OD KSIĄŻKI DO FILMU

Schmitt dwukrotnie dokonał adaptacji swojej powieści: raz dla teatru w 2003 roku i raz dla kina w 2009 roku. Przy drugiej okazji dokonał kilku istotnych zmian w fabule książki.

W sumie film jest skonstruowany zupełnie inaczej. Babcia Róża, grana przez Michèle Laroque (francuska aktorka, ur.

1960), jest znacznie młodsza niż w książce i ma na imię Rose. Teraz sprzedaje pizze, choć nadal jest zapaśniczką, i na początku nie ma ochoty pomagać chorym dzieciom. Bardziej niż wszystko inne pragnie ona rozwijać swój nowy biznes. Jednak wciąż przywiązuje się do Oskara i zawiera umowę z doktorem Dusseldorfem: jeśli będzie spędzać czas z chłopcem, szpital będzie kupował jej pizze. Z upływem dni coraz bardziej lubi Oskara i pomaga mu pogodzić się z chorobą. Mimo że, podobnie jak w powieści, sugeruje mu pisanie listów, fabuła filmu nie jest zbudowana wokół nich: są one tylko jednym z wielu elementów. Widz obserwuje rozwój bohatera w zakresie akceptacji choroby poprzez sceny, które pokazują życie Oskara z zewnętrznego punktu widzenia.

Mimo znacznych różnic w strukturze, książka i film są w dużej mierze spójne ze sobą i widać, że są to dwie wersje tej samej historii.

DALSZA REFLEKSJA

KILKA PYTAŃ DO PRZEMYŚLENIA...

- Mimo powagi tematu, autorowi udaje się wprowadzić do fabuły odrobinę lekkości. W jaki sposób? Zilustruj swoją odpowiedź przykładami.

- Chociaż Oskar i Babcia Róża wyrażają swoje myśli poprzez listy, czy robią to również w inny sposób? Użyj przykładów z książki, aby poprzeć swoją odpowiedź.

- Autor opisuje bardzo szczególny rodzaj cierpienia: cierpienie dzieci w obliczu choroby. Jaki stosunek ma Oskar do własnej choroby?

- Jak można powiedzieć, że śmierć nie jest przedstawiona w sposób negatywny? Jaka filozofia pozwala autorowi rozwinąć tę myśl i jak to robi?

- Dlaczego relacja młodego bohatera z Babcią Różą jest dla niego tak ważna?

- Oskar ma dopiero dziesięć lat, ale żyje pełnią życia. Jakie są najważniejsze etapy jego podróży?

- Duchowość jest istotnym elementem książki. W jaki sposób pozwala ona Oskarowi zmierzyć się z losem?

- Kim są inne dzieci przebywające z Oskarem w szpitalu? W jaki sposób pozwalają mu ułożyć sobie tam życie?

- Oskar ma bardzo unikalny sposób wyrażania się. Jakie językowe cechy szczególne dostrzegasz? Do zilustrowania swojej odpowiedzi wykorzystaj przykłady z książki.

- Czy film z 2009 roku trzyma się książki w całości? Dlaczego, Twoim zdaniem?

DALSZE CZYTANIE

WYDANIE REFERENCYJNE

Schmitt, É-E. (2002) *Oscar et la Dame Rose*. Paris: Magnard.

BADANIA REFERENCYJNE

Éric-Emmanuel Schmitt. (Bez daty) *Oskar i Pani Róża*. [Online]. [Dostęp 1 października 2016]. Dostępny w: < http://www.eric--emmanuel-schmitt.com/literature.cfm?nomenclature-Id=1772&catalogid=811&lang=EN>.

Éric-Emmanuel Schmitt. (Bez daty) *Oskar i Pani Róża*. [Online]. [Dostęp 1 października 2016]. Dostępny w: < http://www.eric--emmanuel-schmitt.com/theatre.cfm?nomenclatureId=1796 &catalogid=805>.

ADAPTACJE

Schmitt, É-E. (2003) *Oskar i Pani Róża*. [teatr]. Paris: Comédie des Champs-Élysées.

Oskar I Pani Róża (Oscar and the Lady in Pink). (2009) [film]. Éric-Emmanuel Schmitt, reż. Francja, Belgia, Kanada: Pan-Européenne, TF1 Films, StudioCanal (Francja); Oscar Films, RTBF (Belgia); Cinémaginaire (Kanada).

Chcemy usłyszeć od Ciebie, co się dzieje!
Zostaw komentarz na temat swojej internetowej biblioteki
i podziel się swoimi ulubionymi książkami w mediach społecznościowych!

Wydawca zapewnia o wiarygodności publikowanych informacji, co jednak nie może wiązać się z jego odpowiedzialnością.

www.50minutes.com

Master ISBN: 9782808693455
Papierowy ISBN: 9782808614856
Depozyt prawny: D/2023/12603/1765

Verhaal: © Primento

Projekt cyfrowy: Primento, cyfrowy partner wydawców.